SCHILDEREN MET WOORDEN – EEN POËZIEBUNDEL

Cathy McGough

Stratford Living Publishing

INHOUDSOPGAVE

DANKWOORD

Geachte lezers,

Hartelijk dank dat u ervoor heeft gekozen om deze bundel met mijn gedichten te lezen. Mijn eerste gedicht, "The Beginning", schreef ik toen ik op de middelbare school zat. Poëzie is altijd mijn eerste liefde geweest.

Ik wil ook mijn ouders bedanken, aan wie dit boek is opgedragen, en mijn grootmoeder, die zelf ook een gedegen dichteres was.

Ik wil ook mijn dierbare vrienden bedanken die mijn ambities als woordgekke nerd hebben omarmd.

En dank aan iedereen die mij heeft geholpen bij het samenstellen van dit nieuwe boek. Zonder u was het mij niet gelukt!

Zoals altijd & VEEL LEESPLEZIER!

Cathy

TOEWIJDING

Voor mama en papa

KASTELEN IN DE LUCHT

Ik bouw je op als een toren

En sluit je vervolgens af

Er zijn te veel ramen

Het is te ver naar de grond.

Je zit op je voetstuk

En weert elke kracht af

Omdat je mij ziet als een schaduw

Van de scheiding van je moeder.

En het is misschien minder dan liefde

En het is misschien meer dan de meeste

Maar het is iets dat sterker wordt.

Ik lees u als een boek

Uw pagina's vliegen wijd open

Zonder een blik of een kijk

Het lijkt alsof onze geesten elkaar vertrouwen

En het is misschien minder dan liefde

En het is misschien meer dan de meeste

Maar het is iets, dat dieper wordt

Het is misschien niet het soort liefde

Dat voor altijd zal blijven bestaan

Maar ik heb liever een deel van de liefde

Dan helemaal niets wat dan ook.

DIT IS OM U TERUG TE BRENGEN

G ezichten, die in en uit mijn gedachten komen

Herinneringen aan sterren, die hebben geschenen

Openingen en sluitingen

Drukke eenzaamheden

Wie zijn deze mensen?

Een kind verschijnt in de bloei van haar jeugd

Haar gezicht tegen het raam gedrukt

Ze vraagt zich af wat de waarheid is

Haar aandacht lijkt te verslappen

Als ze het snoep om haar heen ziet

En zich afvraagt of het gratis is.

Kind, heeft je moeder je niet verteld

Dat niets gratis is

Dat alles een prijs heeft

Dat iedereen een prijs moet betalen.

Gezichten, dromen uit vervlogen tijden

Vervagen allemaal en vormen nieuwe rijmpjes

Terwijl we in de voetsporen treden

Van onze overleden helden

Op zoek naar gezichten

Die niet meer bestaan

WERKDAAG

S omber hok

Gevoerd

Paarse muren

Ingesloten

Gevangene.

Probeerde vrij te komen

Voorwaardelijk

Maar viel terug

Voordat ik mezelf

Eruit kon trekken

Op deze plek

Zijn er machines

Die je overhalen

Om te werken

Als een machine

En als je weigert

Breken ze je

Je breekt

"Luister toetsenbord

Zonder mij

Ben je niets!

Niets, zeg ik!

Onthoud dat goed.

Oké dan. Oké."

Draadloze muis

Grijpt

Kans

Om te ontsnappen

Springt &

Plopt in

Extra extra grote

Kop koffie.

Stoomend

Streamen

SCHREEUWEND!

Kleine brand

Oeps!

BLUE JAYS EN KOOKABURRAS

Het maakt niet uit dat ik niet de naam van elke bloem ken.

Het maakt niet uit dat ik niet de naam van elke vogel ken.

Het feit dat ik nieuw ben in dit land weerhoudt mij er niet van

om zowel met daden als woorden mijn waardering te tonen.

Soms voelt het bijna als thuis voor mij.

Doelloos ronddwalen zonder banden met het verleden.

Op andere dagen voelt het alsof dit eiland mijn ziel is.

En ik vraag me af of deze verliefdheid zal blijven bestaan.

Dan zijn er dagen dat ik me een verrader voel.

Verlangend naar dingen die ik niet meer kan bereiken.

Dan lonkt een glimp van de vlag van mijn vaderland

me weer terug.

Dus wat is het, als je ergens geboren bent

Kun je die plek dan ooit helemaal achter je laten?

Of kun je van het nieuwe houden en van het oude

In je hart, maar ook in je hoofd?

Binnenkort zullen de wattenwolken plaatsmaken voor mijn zilveren vogel

Mijn eerste liefde wacht met open armen

Witte trilliums zullen me overspoelen met hun geurige kussen

Terwijl Blue Jays en Kookaburras met elkaar in botsing komen.

ALLES BEHALVE LIEFDE

U gaf mij bloemen

U gaf mij snoep

Maar dat was niet voldoende.

U nam mij mee op autoritjes

Naar chique plekken

Maar dat was niet voldoende.

U gaf mij alles

Wat u maar kon bedenken
Alles behalve liefde
Ja, alles behalve liefde.

U vertelde mij grappen
U maakte mij aan het lachen
Maar dat was niet voldoende.

U gaf mij tijd
U gaf mij ruimte
Maar dat was niet voldoende.

U gaf mij alles
Wat u maar kon bedenken
Alles behalve liefde
Alles behalve liefde.

Hoe lang heb ik gewacht op een tedere kus
Op een teken, een aanzoek of een ring
Maar dag na dag, jaar na jaar
1 + 1 was gelijk aan niets.

U vertelde me grappen

U maakte me aan het lachen

Maar dat was niet genoeg.

U gaf me tijd

U gaf me ruimte

Maar dat was niet genoeg.

U gaf me alles

Wat u maar kon bedenken

Terwijl ik alleen maar uw liefde wilde

Beste, het enige wat ik echt wilde was uw liefde

PERSONIFICATIE

R onddraaiend om u heen

Als een tol

Roekeloos

Stuiterend van muur tot muur

Zelfvernietigend

Maar voortploeterend

Zonder tijd te nemen om na te denken

Of naar adem te happen

Muren die van positie veranderen

Als scènes uit een homevideo

Kleuren die in elkaar overvloeien

Wild ronddartelend

Het plafond vliegt over en onder

En versmelt met de vloer

Als een kind met een caleidoscoop

U verandert het kader

Genietend van mijn lied

Totdat ik tot rust kom

En ontsnap door het plafond

Naar een meer betekenisvolle relatie.

DE PAPIEREN POP

De papieren pop is verstrikt geraakt in de wervelwind

Zonder emotie draait en wervelt ze

Rond en rond, als een ballerina

Terugdenkend aan de mislukkingen en spijt in haar leven.

Verwoed probeert ze aan zijn greep te ontsnappen

In haar oren fluistert de wind 'verkrachting'.

De papieren pop wordt uiteengereten

Een vage herinnering aan wat had kunnen zijn.

Ze voelt geen pijn, want ze is slechts een kind

Ze voelt niets.

Hoor de kinderen huilen terwijl ze woelen en draaien

In hun dromen

Bescherm hen tegen de wervelwinden van het leven.

Ren, kinderen, ren

Er zijn geen ketenen meer die jullie binden.

Bescherm hen tegen de wervelwinden van het leven.

U ONTWAAKT TERWIJL IK SLAAP

U ontwaakt terwijl ik slaap

Pak uw koffers

Kus me op mijn wang

U fluistert zachtjes "vaarwel"

Ik zie u vertrekken

Hoewel u het nooit zult weten

Want in uw ogen

Slaap ik vredig

Ik keer mijn rug naar uw lege plek

Tranen, snikken, medelijden met mezelf

Slaap is welkom

Mijn geest zoekt de jouwe

Ze spelen samen tikkertje

Onze liefde is zoals vroeger

Ik ben u. U bent mij.

De zon brengt de ochtend

Ik reik naar uw lege plek

Ik word omhuld door uw omhelzing

Liefde heeft u vandaag teruggebracht

Liefde heeft u teruggebracht om te blijven.

U ontwaakt terwijl ik slaap

U pakt uw koffers

U kust me op de wang

U fluistert zachtjes "vaarwel"

Ik doe de deur op slot. Ik doe de ketting erop.

Deze scène zal zich nooit meer herhalen.

VOEDSEL VOOR DE MUZE

Kom naar mij, mijn prachtige blad

Val in mijn wachtende omhelzing

Baad mij in uw stromende kleur

Fladder gracieus naar mij toe.

Blad, men noemt u zielloos

Ik zeg dat dit onjuist is

Omdat u danst in harmonie

Terwijl de wind uw lied speelt.

Nu neem ik u in mijn armen en huil

Om het bloeden van uw aderen

Kleur die overloopt in kleur: schoonheid

Dit zijn uw overblijfselen.

Knapperige praatgrage metgezel

Kietelende zolen van schoenen

Herfstinspiratie:

Voeding voor de muze.

GORDIJN VAN DE MIST

D oor de dichte mist

zag ik een paar marmeren ogen

die niets weerspiegelden, ze siste

terwijl ze zich terugtrokken in hun vermomming.

Sterren vielen als sneeuw

in hun sterke waarneming.

Gefascineerd door hun gloed

liep ik in hun richting.

Ze waren gevoelloos en hol

En straalden hun stille licht uit

Door de eindeloze mist zag ik

Dat het maanlicht begon te smelten

Ik stak mijn armen uit om de waarheid te vangen

Het oordeel viel, ik verloor mijn jeugd.

Al mijn emoties waren verdwenen

In de ochtend bleef er alleen nog

Onder de heldere en grijsblauwe lucht

Twee paar marmeren ogen over.

LAATSTE DANS

Uw foto in mijn armen houdend

Dansend over de vloer

Bijna zoals het had kunnen zijn

Als u maar meer van mij had gehouden.

Dichtbij genoeg om uw hartslag te voelen

Samen wervelend in een denkbeeldige wolk

De wereld schilderend in een schitterende glans

Uw naam hardop fluisterend.

Dansend, hoewel de muziek is gestopt

Met tranen die over mijn wangen stromen

Want ik heb gezien wat had kunnen zijn

En heb het zonder een spoor verloren.

IK KAN VLIEGEN

S taande aan de rand

Huilende winden

Wapperende mouwen

Altijd gereed

Nodig

Solo vlucht

Rimpelende rokken

Linkervoet naar achter

Rechtervoet naar voren

Evenwichtig

Kijk Engelen

Precies daar

Koperkleurig haar zwevend

Lippen proeven

Zeezout

Alles in me opnemend

Wetende

Wie ik ben

Waarom ik hier ben

Vleugels

Fladderend

Slaan slaan slaan

Ik weet

Dat ik moet

Zweven.

Omdat

Ik leef op

De rand

Van de verbeelding

Waar voeten

Niet langer verlangen

Naar de grond

Ik zie

Alles

Vanuit een uniek

Perspectief

Ik ben een dichter

Een auteur

En

Ik kan vliegen.

OP HET OPPERVLAK

S piegel,

U weerspiegelt mij met overbodigheid

Overal op mij geschreven

Staat vleesgekleurde onzekerheid.

Spiegel,

U spot met perfectie

Met deze ongebreidelde weerspiegeling

En het resultaat is altijd hetzelfde

In uw kader: ik blijf onveranderd.

Tussen de regels geschreven

Poëtisch verhuld

Onontkoombare kenmerken

Vloeien onharmonisch.

Spiegel: ik houd vast aan wat ik zie

Want ik ben u, door en door

Maar soms, weerspiegeling

Zou ik willen dat ik op u leek.

MOOI KLEIN DING

M ooi klein ding

Zit sierlijk

Begroet iedereen die binnenkomt

Met de grootste hartelijkheid.

Ze is het mooiste meisje

Dat ze ooit hebben gezien

Met haar gouden lokken

En haar groene ogen.

Ze is een porseleinen pop
Tot leven gewekt
Op een dag zal ze voor een man
Een geweldige vrouw zijn.

Mooi klein ding
Lacht engelachtig
Zingt kinderliedjes
voor haar ouders.

Ze spreekt alleen
als er tegen haar wordt gesproken
Ze denkt nooit na -
heeft geen reden om dat te doen.

Ze is zo mooi als een schilderij
dat Mona Lisa zou doen verbleken
En dit kind van een vrouw
speelt het etiquettespel.

Mooi klein ding

stelt nooit vragen

over het fatsoen van haar ouders

Want alles wat ze ooit is geweest

was een engel

op hun kerstboom.

CRUCI-FICTIE

U w lichaam is vastgebonden

In de vorm van een kruis

U hangt daar in wanhoop

Voor alle eeuwigheid.

Zij zouden

Uw handen en voeten

Hebben genezen

Maar de spijkers waren verroest

En tetanusinjecties

Moesten nog worden uitgevonden.

Zij zouden

Uw zijden

Hebben genezen

Maar toen zij

Naast u stonden en keken

Door het gapende gat

Het uitzicht op de wereld

Door uw ziel

Zij zouden de kroon hebben verwijderd,

maar de bloedvlekken

vielen langs uw voorhoofd

en vormden figuren

als delicate

rozenblaadjes.

Terwijl ik van station naar station ga,

versterk ik mijn greep

op de zwarte rozenkrans.

Hij breekt

en de kralen rollen overal heen:

onder de kerkbanken

in de gangpaden.

Ik kniel

Terwijl ik elk klein

Zwart rozenblaadje

Opraap en ze vervolgens

In mijn hoed verzamel.

Buiten

Vangt de wind ze op

En tilt ze

Naar de hemel

Zwarte kraaien

Vliegen buiten bereik

En laten dekens vallen

Op de daklozen

De gelovigen

De ongelovigen

En mij.

WEDEROPSTANDING

Drijvend in leegte

Verspreidend als een gerucht

Blad drijft mee met de stroom

Spookachtige aanwezigheid uit een droom.

Blad verpletterd en gebroken

Aangespoeld op het strand

Bedekt met een laagje zand

Voor altijd levenloos.

Blad droogt en wordt herboren

Opgetild door de adem van een engel

Gabriël blaast op zijn hoorn

Blad na de dood.

DE PLAGERIJ

H ij vroeg het mij en ik zei: "Ik kan het niet."

Hij vroeg het mij en ik zei: "Ik zal het niet doen."

Hij vraagt het mij elke dag. Hij vraagt het mij elke avond.

Hij blijft hopen dat ik het op een dag misschien wel zal.

Ik stel het uit en alleen ik weet waarom.

Ik ben niet op macht uit! Nee, ik niet!

Want ik wil mijn vriend niet kwetsen.

Het is niet gemakkelijk om een volwassen man te zien huilen.

Toch moet ik hem afwijzen.

Toch moet ik hem zien fronsen.

Toch heb ik er vertrouwen in dat hij zal blijven.

(Ik denk trouwens dat hij van me houdt.)

Op een dag zal ik het zeker weten.

Op een dag zal de timing goed zijn.

Ik zal mijn hart voor hem openen

En duisternis zal veranderen in licht.

Ik hoop dat al deze geheimzinnigheid

Onze toekomst niet zal verpesten. Zie je:

Dit uitstellen is niet puur toeval

Hij is als Astaire en ik kan niet dansen.

HET BEGIN

(HET EERSTE GEDICHT DAT IK OOIT HEB GESCHREVEN)

Ik zat

onder een deken van duisternis

Er was een sluier

die maar niet wilde verdwijnen.

Liefde,

was koud geworden in uw hart

Maar toen u het mij vertelde

was ik te verward

om te beseffen dat u mij de waarheid probeerde te vertellen.

Nu,

helemaal alleen

aan de rand van het bos

zing ik.

Mijn geest reikt uit

Ik zing

totdat de stem weerklinkt

En ik herinner me

dat dit 'ons lied' was

En de genezing begint.

WAAROM IK?

Het refrein klinkt herhaaldelijk

En verstoort de innerlijke harmonie

Terwijl fantasieën met onbeschaamde charme

Mijn liefde in de armen van een ander sturen.

Herinneringen liggen verbrijzeld op de grond

Stemmen worden gedempt door recessieve fronsen

Gefluister, verwarring, maar c'est la vie

Aanpassen aan de rustige realiteit van het leven.

Oh, de regen houdt nooit op

En de wind stuurt mij voortdurend

Zijn empathische boodschappen.

In een onzekere toekomst

Zal het getik van druppels

Mijn oren doorboren met stilte

En tranen zullen mij koud laten

Aan het einde van de regenboog

Mijn pot met goud hamsteren.

DE BOOM

Hoeveel jaar

Hoe lang, hoe oud?

Boomchirurgen overwegen,

Knoppen van kennis ontvouwen zich.

Grijpen naar morgen

Naar de schepper van alle schepselen

Engelachtige vingers reiken uit

In houten motivatie.

Planten en herplanten,

Een beeld vormen dat trouw is aan de natuur

Door wind en regen

Zijn ze monumentaal gestructureerd.

Als God ooit iets heeft geschapen dat liefde nodig heeft

Dan moet het wel een boom zijn

Want mensen hebben slechts twee armen

Om te verlangen, aan te raken, te bidden

Maar bomen hebben takken, die uit takken groeien

Buigend voor de leegte in de rondedans van het leven.

DE OGEN VAN DE HEMEL

D it was in het begin

Voordat de tijd een slag oversloeg

Een hele tijd voordat

Hij mijn slaap binnenkwam.

Ik weet zeker dat u zich niet meer herinnert

De laatste woorden die hij sprak

Voordat de predikant

Verklaarde dat mijn geliefde was overleden.

Mijn geliefde sprak over vele engelen

Die zijn ziel kwamen halen

Hij zweefde in en uit

En verloor uiteindelijk de controle.

Ik knielde naast hem

en probeerde wanhopig niet te huilen

maar de tranen stroomden over mijn wangen

en zo nam hij afscheid:

"Geen tranen meer, geen tranen meer

God komt mijn ziel halen

Ik zie de sterren dichterbij komen

dichterbij het bed

Ze fonkelen en schitteren

in mijn hoofd

En mijn droom

komt uit.

Ik ben voorbestemd om te schijnen

en u te leiden.

Doe een wens op mij.

Doe een wens op mij."

Vanavond en elke avond

Verlicht een keten van sterren mijn weg.

Hun ogen verjongen mijn geest

Terwijl de nacht overgaat in dag.

Mijn geliefde is een ster in de hemel

Drijvend in de armen van de ruimte.

En op een dag zullen we samen zijn

In een andere tijd en op een andere plaats.

DE LAATSTE FASE

Het licht schijnt door de wolken heen

Het blauw is helder in uw doorzichtige ogen

De regen kan deze hemelse omhelzing niet verblinden

De tranen kunnen dit gekristalliseerde gezicht niet bevlekken.

Draag de pijn niet, sluit uw geest niet

Tranen vallen en maken mij blind

Maar ik kan altijd putten uit u, uit liefde.

Als uw ballon per ongeluk uit zijn gevangenschap
wordt bevrijd

Geef dan niet het lot of het noodlot de schuld

Als je je bubbel bereikt, kan deze breken

Het doorprikken van je bubbel zou een fatale fout zijn

Want zelfs de wolken zijn jaloers op de geketenden

Ze zijn te vrij, reizen zonder orde.

Trek de foto na die voor het kind is geschetst

Het lot zoekt naar de zachtmoedigen en de milden

Vul de lege gezichten in met een paar vergeten zinnen

Dupliceer en ga dan verder.

LIED UIT DE ZEE

H et was toen eenvoudig

Om rond te dwalen

Zonder doel

Zonder zorgen

Of iets

Om je bestaan in twijfel te trekken

Of je bubbel te doorbreken.

Maar toen

kwam ik

en alles om je heen

leek onwaar

en onrechtvaardig

en je voelde je anders

en je probeerde me te vormen

zodat ik

in jouw wereld paste

maar dat mocht niet zo zijn

het was te moeilijk

om een pad te vinden

dat ons bij elkaar hield

terwijl we allebei

op glad ijs liepen.

De een kon gaan

de ander kon blijven

het was toen eenvoudig

voordat je me liet gaan onder

voor de derde keer.

DE SCHILDER DIE NOOIT ZOU ZIJN

K leuren riepen

Naar hem

In de nacht

Artritisch

Onvast

Oud

Onzeker

Hij probeerde

Tevergeefs

Om een meesterwerk te creëren

Om voort te leven

Nadat hij was heengegaan

In plaats daarvan

Werelden botsten

Zee en lucht versmolten

De glimlachende dame huilde

Struikelend

Strompelend

Uitglijdend

Palet

Verf

Lichaam

Eén.

Penseel

Schilder

Eén.

De zon kwam op

in vrede en sereniteit

Terwijl hij liep

naar

De rand

van de berg.

Hij vloeide

van het penseel

In de open armen

Van de zee

Waar hij werd

De schilder die nooit zou zijn.

PRACHTIGE ZONSONDERGANG

P rachtige zonsondergang

Die neerdaalt om de zee te begroeten

Hemelse vader

Die zich uitstrekt naar de vrijheid

Levende beelden,

Die de eeuwigheid omarmen

Dansende kleuren

Kronkelende paden

Die naar onbekende bestemmingen leiden

Wervelende wolken

Begroet door de wind

Resonerende diamanten

Die de nacht bezingen

Donkere silhouetten

Het maanlicht in de tuin

Alles is stil

Rustig en sereen

Dit is het wonder

Het wonder van de natuur.

Momenten worden doorgebracht

Dagen worden doorgebracht

Jaren gaan voorbij

En nog steeds droomt u uw leven weg

Waarom moet u dromen

Als de natuur u roept om te komen spelen?

JONGENS MET SPEELGOED

W anneer de wereld uit elkaar valt

En we allemaal op zoek zijn naar een oplossing

Luisterend naar de mannen die dreigen met hun wapens

Wapens die zowel u als mij kunnen vernietigen.

Ik sta aan de oever van de stromende rivier

Verlangend naar een stem, een stem van gezond verstand

De armen van de wind omhelzen me zo stevig

Terwijl ik huiver bij de machteloosheid van de mens.

De geschiedenis heeft de wereld mannen en vrouwen gegeven

Leiders die pennen gebruikten in plaats van zwaarden

Grote schrijvers die niet bang waren om zich uit te spreken

Om op te schrijven wat juist was.

Dickens, Longfellow, Emerson & Thoreau,

Het waren mannen van vrede, zij spraken voor iedereen

Waar zijn de leiders, de dichters van vandaag?

Het is aan hen dat ik deze oproep doe.

Want de leiders van de wereld verkeren in crisis.

Ik vrees voor de toekomst – niet voor mijzelf, maar voor mijn zoon.

We hebben iemand nodig die opstaat om de leiding te nemen.

In plaats van jongens met wapens en geweren.

Wie zijn jullie, dichters van vandaag?

Waar zijn jullie, hoor mijn roep!

Spreek nu of zwijg voor altijd.

Deze dichter wacht vol spanning op jullie antwoorden.

EEN VAN DIE DAGEN

Heeft u wel eens van die dagen?
U weet wel,
wanneer er geen e-mails binnenkomen
en u alle e-mails van gisteren al heeft beantwoord
en u verlangt naar post
maar de brievenbus is leeg
behalve een folder van Pizza Hut

Heeft u wel eens van die dagen?
U weet wel, zo'n dag

waarop het verleden maar niet wil verdwijnen

en ook het ontbijt

de lunch of het diner

en u blijft hopen dat u gered wordt

maar u weet niet zeker waarvan

Heeft u ooit zo'n dag gehad?

U weet wel, zo'n dag

waarop een ekster op de waslijn

naar u kijkt, als een lang verloren vriend

iemand die je ooit hebt ontmoet, een geest in je leven

die een boodschap probeert over te brengen

en je vraagt je af wie die naar je heeft gestuurd

Heb je ooit zo'n dag gehad?

Je weet wel, zo'n dag

wanneer iemand je afsnijdt in het verkeer

en je hem de les wilt lezen

maar besluit dat niet te doen omdat het leven te kort is

Bovendien kan het iemand zijn die je kent

Achter het getinte glas schuilt bedrog

Heb je ooit zo'n dag gehad?

Je weet wel, zo'n dag

Wanneer de pagina leeg blijft

En je enige wens is om hem te vullen

Maar je gedachten blijven in de war

Vandaag heb ik zo'n dag

Heb je ooit zo'n dag gehad?

DE KUNST
VAN HET
OUDERSCHAP

K inderen zijn de spiegel van uw leven.

Wat zij weten, wat zij leren, hebben zij van u.

U maakt zich zorgen over uw basis, het veroorzaakt onrust.

Want alles wat uw ouders u hebben geleerd, is wat u NIET moet doen.

Onthoud alstublieft dat kinderen in elk moment leven...

Klik-klik-klik gaan de camera's in hun hoofd.

Voor hen is het leven een snoepwinkel waar ze hun dagen doorbrengen met

het openen van verpakkingen en het maken van allerlei keuzes.

God geeft ouders een leeg canvas: een kind.

Wanneer u schildert, komt onvoorwaardelijke liefde tot uiting

De regenboogverbinding tussen ouders en kinderen - van hen naar u.

Het leven is kort, uw tijd is goed besteed

aan het perfectioneren van de kunst van het ouderschap.

STOOM

Mijn geliefde en mijn wonder, geheel van mij
Hoe u mijn bestaan hebt veranderd
Uw leven en mijn leven zijn met elkaar verweven
Dagelijks toont u uw vrijgevigheid.

Gevuld tot de rand en vol enthousiasme
Ik druk op uw knoppen, dat is mijn wens
45 minuten lang, snel, sneller, dan langzaam
Stoom stijgt op, omhoog, omhoog, hoger en hoger
Dan bent u stil, in al uw pracht
Met elke dag houd ik meer en meer van u.

In deze hele wereld bent u degene die ik verkies

Er gaat niets boven een goede vaatwasser.

DE IJSKOUDE HANDEN VAN DE TIJD

De ijskoude handen

van de tijd

ontnemen

mijn kind zijn tijd.

Hij slaapt nu

rustig

onschuldig

vreedzaam

Soms

draait hij zich naar mij toe

en huilt

of kreunt

van pijn

in zijn slaap

Hij reikt uit

Ik streel

We raken elkaar niet aan

We zijn verenigd

in geest.

Vaak

vraag ik me af

of hij weet

dat de

zandloper

gevuld is

met zijn

levensbloed

en dat het

in dubbele snelheid

neervalt.

Ik bid

dat hij op een dag

naar huis zal

komen

dat ik op een dag

mijn kind

kan vasthouden

Voor nu

is deze glazen kist

het enige wat hij kent.

HERFSTLIED

De bladeren kraken onder mijn voeten

Een knetterend geluid in mijn hoofd

Opstijgend, dalend - zolen raken de grond

Herinneringen wervelen rond en rond.

De bladeren waren geurig en muskusachtig

We stapelden ze op tot aan de hemel - torenhoog -

Het stro van een stadsmeisje. We sprongen en riepen
"Geronimo!"

Ze waren zo zacht als maagdelijke sneeuw.

De herfst nam ons in zijn armen en hield ons liefdevol
vast.

Seizoensgebonden. Wij waren herfstkinderen.

We kwamen tot leven - toen de bladeren begonnen te vallen

Onze geesten ontcijferden de roep van Moeder Natuur.

De bladeren verzamelen zich voor mijn deur en wachten

Mijn zussen en broers zijn gekomen om te roepen

De geest van de herfst tilt me uit mijn rolstoel

We dansen allemaal samen in de eeuwige herfstmarkt.

DE CIRKEL: EEN TRILOGIE

EEN BERICHT AAN MIJN ONGEBOREN KIND

K ind, mijn kind

Beschermd tegen de wereld

Veilig in mijn baarmoeder.

Kind, mijn kind

Ziet en weet niets

Van de toestand van de wereld.

Kind, mijn kind

U bent mij.

Ik ben uw moeder.

Kind, mijn kind

Ik ben u.

Ik zal van u houden als geen ander.

Kind, mijn kind

Vrede. Bid voor vrede.

De tijd kan niet alle verdriet genezen.

Kind, mijn kind

Vrede. Bid voor vrede.

U bent de hoop voor alle morgens.

Kind, mijn kind

Hart klopt, ledematen vormen zich

U bent ongeboren, de onschuldige.

Kind, mijn kind

U bent mijn hoop voor de toekomst

U bent de toekomst, voor iedereen.

DE CIRKEL: EEN TRILOGIE

GOEDENACHT, KLEINTJE

De hemel is niet ver weg

Daar is hij heen gegaan om te spelen

Dansend op een wolk zo licht

Iedereen verblindend terwijl hij wegvliegt

De kleine geest die in mij leefde

Nu is zijn ziel bevrijd

Mijn baarmoeder is leeg, hij is er niet meer

En toch ben ik niet meer zoals ik was.

Hem zien, levenloos vastgebonden

Het einde van het leven is nog maar net begonnen.

Zich overgeven, kind niet langer van mij

In de hemel, eeuwig goddelijk.

DE CIRKEL: EEN TRILOGIE

KLEINE ENGELTJES

S ssst.

Luister.

Ik hoor ze zingen.

Luister.

Hoor je ze ook?

Luister.

Hun stemmen
vullen mijn hart.

Het is zo vol
dat ik vrees
dat het zou kunnen barsten
in mij.

Luister.

Stop met wat u aan het doen bent en
luister.

Vertrouw mij.
Hij is daar bij hen.

Luister
met heel uw hart en ziel.

Luister...
Shhhhhhhhhh.

Het Huwelijksgebed

Wanneer de foto in de lijst barst

En de huwelijksgeloften uit het geheugen verdwijnen

Wanneer alleen de herinneringen nog overeind blijven

En tranen van ongeluk je verblinden

Dan moet je misschien weggaan

Alles wat je kent de rug toekeren

Misschien is het tijd, je hebt alles geprobeerd

En toch voel je je nog steeds een beetje leeg.

Voordat u vertrekt en uw koffers pakt

Praat met degene van wie u houdt, zoek contact

Stel uw hart en ziel voor hem open

En misschien kunt u er samen uitkomen

Te vaak geven we op en gaan we verder

Terwijl we alleen maar denken dat we ons best hebben gedaan

Als er liefde was, kan die weer groeien

Zelfs nadat het even heeft gerust.

Nu wil ik niet zeggen dat je bij misbruik moet blijven.

In dat geval moet je naar andere horizonten gaan.

Maar als je denkt dat je relatie nut heeft,

laat dan je hart leiden en volg.

Want de wereld is eenzaam en koud

zonder iemand met wie je kunt delen.

En onthoud dat je ouder wordt

en dat iemand naast je om je geeft.

Begin dus opnieuw, haal de romantiek van de plank

Blaas een relatie die verstard is nieuw leven in

U zult er geen spijt van krijgen, doe het voor uzelf!

Ware liefde kan nooit falen.

BESTE IDEE

Schoonheid brengt nooit rust
Aan hen die huilen
Schoonheid brengt nooit warmte
Bij een koud afscheid

Wanneer het hart bloedt
Moet het ego gevoed worden
En schoonheid is geen excuus
Want het brengt nooit rust
Aan hen die huilen

Wanneer u verliefd bent

Is schoonheid overal

Wanneer u niet meer verliefd bent

Is de enige schoonheid te vinden in wanhoop.

VADER EN ZOON

V ader leert zoon om een man te zijn

Zoon leert vader om weer kind te zijn

Samen lopen ze hand in hand

Het is prachtig om naar hen te kijken

De twee zijn magisch in hun spel

Ze kijken op zaterdag naar Thunderbirds

Vader maakt zich zorgen, kan hij de man zijn

Zijn kind idealiseert, zeker kan hij dat.

Want zijn kind ziet dat hij sterk en warm is

En hem tegen alle kwaad zal beschermen

Hij zou hem voor geen goud teleurstellen

Vader hield al van hem lang voor zijn geboorte.

Vader leert zoon om een man te worden

Zo is het altijd geweest, sinds het begin der tijden.

VLUCHTIG

En ik zal voorbijgaan

Als een briesje

En zal u niet aanraken

Of een spoor achterlaten

Dat ik er was

Alleen de zoete geur

Van madeliefjes en klavers.

VERGEET MIJ NIET, KIND

V ergeet mij niet, kind

Van het gouden veld

Laat ze vallen

En de boodschap zal worden onthuld

Gebruik uw bloemblaadjes niet

Om de tranen te verbergen

Bescherm uzelf niet

Tegen hun spot

Want uw schoonheid is te groot

Om ooit verborgen te blijven

Vergeet mij niet, kind

Van het gouden veld.

HANDEN

H anden

We moeten koesteren

Handen

Om vast te houden

Om te reiken

Te koud

Om te onderwijzen

Handen

Bewegen over pagina's

Over lichamen

Onschuldige strelingen

Handen

Vastgehouden

Gebroken beloften

Vingers

Nu ontketend

Dozen

Gevuld met

Gebroken cirkels

Handen

We moeten koesteren

Handen

Lege

Handen

Gerimpelde

Handen

Reikende

Handen

Ideeën vloeien

Uit deze handen

Altijd gekoesterd

Zijn de handen

Van een kunstenaar.

HOUDT HIJ
VAN MIJ

HOUDT HIJ NIET VAN MIJ

E r groeide een bloem

Het was lenteachtig nieuw.

Ik plukte de bloem

Om te zien of onze liefde oprecht was.

Ik plukte de bloemblaadjes

En scheurde de bloem helemaal uit elkaar

Terwijl het beeld zich ontwikkelde

In mijn hoopvolle hart.

Daar op het fluweelzachte gras

Bleef de dode bloem liggen

En als de koningin van harten

Regende ik.

ONWETEND

Ik ben u kwijtgeraakt in morgen

Een gisteren dat nog niet verleden

Ik sloot mijn ogen in verdriet

En voordat er een moment voorbij was

Verdween de liefde, en u daarmee

Ik had nooit gedacht

Dat dit mij zou overkomen

Het minste wat u had kunnen doen

Was mij op gepaste wijze vaarwel zeggen!

EEN
PLEISTER
AANBRENGEN

Ik heb een pleister op uw puzzel geplakt

Nadat uw stukjes overal verspreid lagen

Ik was uw reddingsvest

Toen u in zee kapseisde

Ik heb uw gebroken hart gehecht

Onherstelbaar verbrijzeld

Ik heb u omhoog getrokken, u opgetild

Uit de diepten van wanhoop.

Nu verstop ik me in deze boomhut van verbeelding

Op zoek naar vriendelijkheid en begeleiding

Ik vraag aan niemand: wie zal mij genezen?

Ik vraag aan de lucht: hoe kan dit?

Ik maakte u tot mijn missie, mijn goede daad voor vandaag

Ik nam al uw verdriet weg

In ruil daarvoor verscheurde u mijn hart in tweeën

Nu voelt het alsof ik cementen schoenen draag

En ben ik verdwaald in een drukke leegte

Dwalend, zoekend naar wat ik niet kan vinden

Ik vraag niemand: wie zal mij helen?

Ik vraag het aan de lucht: hoe kan dit zijn?

Ik vraag het, zonder ooit te weten

Waarom?

ALS IK...

A ls ik

De tijd terug kon draaien

Zou ik u voor altijd

De mijne maken

U was mijn bescherming

Op een regenachtige dag

Toen u glimlachte

Verdwenen al mijn zorgen

Ik leefde en ademde

Voor u.

U fluisterde uw tedere woorden

Van liefde in mijn hart

En ik werd sterk

En bijzonder

En vrij

Allemaal omdat

U van mij hield

En de zon scheen

Toen ik één werd met jou.

Maar net als een melodie

Verdween je liefde

En alles wat overbleef

Was de voortdurende herhaling

Van een lied dat blijft spelen

Steeds weer opnieuw

En niet loslaat

Uit mijn gedachten.

Als ik de tijd terug kon draaien

Zou ik je de mijne maken

Voor alle eeuwigheid

Voor alle

Eeuwigheid.

Eeuwigheid.

SPIEGELTJE SPIEGELTJE

S piegeltje, spiegeltje

Aan de wand

Zou u mij opvangen

Als ik zou vallen?

Spiegeltje, spiegeltje

Wat zou u doen

Als de stukken zouden breken

En duisternis u zou worden?

Spiegeltje, spiegeltje

Aan de wand

Kunt u mij vertellen

Waarom mijn spiegelbeeld zo klein is?

ORGELDRAAIERS

K ruipend langs

De sombere hal

Verrot paars

Gruwelijk groen

De stank ruikend

Van rottend vlees

Menselijk vlees

Stervend

Obsceen.

De oude vrouw aanschouwen

Zittend op de bedpan

De jonge man overleden

Maar nog ademend

In ritme

Met het geluid

Van de druppelaar.

En door het raam

Van de liefdesboot

Wordt een man afgeslacht

Terwijl een aap

Op zijn rug springt

En iemand

Gekleed in het wit

Een enkele munt

In zijn pet werpt.

REFLEXIES IN EEN MODDERPLAUW...

H azelgroene ogen

Narcistische blik

Van een onderwaterpaleis

Peinzend

Maar leeg

Spreekt boekdelen

Over zichzelf

Aan zichzelf

Weerspiegeling

Lijkt niet helemaal

Op

De toeschouwer.

Diep in

Het troebele water

Beschermd tegen

Fouten, pijn

En herinneringen

Verandert

Vloeibaar bestrating

In een grimas

Die een glimlach weerspiegelt.

GEKETEND SAMEN

Water valt

Uit mijn mond

In uw emmer

Rozenblaadjes

Zijn al

Gezeefd

Smeltproces

Scheiding noodzakelijk

Redenen

Dezelfde

Installatie van angst

Komt voorafgaand aan

Het ontvangen

Van het waarheidsserum

De doeprituelen

Lijken eindelijk relevant

Maar de afstotende stem

Combinatie

Verenigt en verdeelt vervolgens

Scheiding onvermijdelijk

Het lijkt alsof we

Geketend

Hier samen

Een leven lang

Maar u hebt net uw naam genoemd

Ik hoor u

Schreeuwen

In de nacht

Maar ik kan u niet bereiken

De afgrond is

Veel te groot.

TEKEN VAN DE TIJDEN

E r is iets dat me gek maakt.

Het maakt me wanhopig.

Iets dat zo ondraaglijk is

dat ik zelfs deze vriend zou kunnen opgeven.

Zie je, hij is altijd aan het praten.

Hij praat de hele tijd, 24 uur per dag, 7 dagen per week.

Het maakt niet uit of we alleen zijn

of boodschappen doen bij de supermarkt.

Overal waar we heen gaan, gebeurt het

En zijn aandacht wordt van mij afgeleid

Hij verdwijnt in een andere wereld

En ik ben bij hem, en toch eenzaam.

Ik wil steeds zeggen: DIT IS HET

Ik kan het niet, ik pik dit niet meer.

U moet kiezen, wie wordt het?

Ik zou degene zijn die de deur uitloopt.

Ziet u, ik ben een jaloers persoon

Een jaloerse persoon die het verdient om alleen te zijn

Ik weet wanneer ik verslagen ben, ik kan gewoon niet concurreren

Met het rinkelen van zijn mobiele telefoon.

HET
ANTWOORD

U draagt een masker

Altijd

Ik kan u niet zien

Vermomming is geen misdaad

Mijn eenzame hart

Blijft me vertellen

Dat u misschien

Het antwoord bent.

U draagt een masker

Zwart en blauw

U bent verdwaald

In een Halloween-tint

Ik wacht

In afwachting

U kunt gewoon niet zien

Dat u misschien

Het antwoord bent.

Als ik u zou vragen

Het af te doen

Om mij te laten zien

Wie erachter zit?

Zou u dan lachen?

En mij plagen

Wetende dat

Ik eenzaam moet zijn?

Ik sta voor u

Ik wil u leren kennen

Maar u ziet nog steeds niet

Dat u misschien

Het antwoord bent.

HET VERLIES VAN EEN SNEEUWVLAKJE

De sneeuwvlok veranderde in een traan

Hij stierf onmiddellijk

Hij maakte geen geluid

Ze vallen uit de lucht

In de vorm van sterren

En kunnen niet overleven

Wanneer de zon tot leven komt.

Water, water overal

We lopen er achteloos overheen

Niets was en niets zal zijn

Treur niet om uw lot of uw bestemming.

HET VERLEDEN

Zwevend als een gier

Boven mijn schouder

Glimlachend

Eindeloos

Duikend

Wanneer nodig

Vaak

Lijkend op

Een vriend

Kwetsbaar

Ik ben

U bent

Een vijand

Stop met loeren

Ik ben er nog niet klaar voor

Laat me met rust

U trekt me

Naar beneden

Laat het os

Het verleden.

HET
ONUITGESPROKEN

P rachtige zonsopgang

In mijn hart

Spectrum van kleuren

Schitterende kunst

Mijn gedachten rusten

Op uw schouder

Bruine ogen op blauw

Alles wat ik ben

Ben ik voor u.

WATERMELOEN DAME

Ik was ooit een vogel

Eens

Maar ik hield niet van vrijheid

Toen ik zag hoe ver

Ik kon vliegen

Zonder moe te worden

Op een stoel in een vliegtuig

Verlangde ik ernaar om een

Mens te zijn

Ze leken

Sterk en logisch

En ik bewonderde hoe

Ze probeerden

Zich te verbeteren

Terwijl ik in cirkels ronddraaide

Gedragen door de windvlagen

En toekeek hoe mijn baby's

Verhongerden

In de lente.

En zo

werd ik

een watermeloen dame

Planten en zaaien

Plukken en verkopen

Slapen

De halve dag

Werken voor een schamel loon

En toekijken hoe mijn kinderen

het hele jaar door honger lijden.

Ik was ooit een vogel

En

ik hield niet van

de vrijheid

En nu is dat

wat ik wil zijn

In plaats van een

watermeloen dame,

Ja, ik was ooit een vogel

Eens

Maar ik hield niet van

vrijheid.

Het gras is altijd groener

Het gras is altijd groener

Dat zeggen ze altijd

Ik zou liever weer een vogel zijn

In plaats van een watermeloen dame.

HARTLOOS

O m u

in

de palm

van mijn

hand te nemen en uw

hart

door mijn

vingers te laten glijden als

zand

dat zich vermengt met

de andere overblijfselen

op het strand.

Om u

in een

postpakket te plaatsen,

het te verzegelen en

u vervolgens te verzenden

naar een

door oorlog geteisterd land

onder rembours

zonder retouradres.

Om u

ten toon te stellen

in een glazen

vitrine

en

per blik

een vergoeding te vragen

terwijl iedereen

met stokken

naar u prikt.

Dan zou ik

u redden

en uw hart veroveren

Alleen om

Het opnieuw te breken.

PAS-OVER

A ls een stuk papier dat in het vuur verbrandt

Als haat die in verlangen verandert

Als een rivier zonder reden om de waarheid te vertellen

Ik ben mijn jeugd kwijtgeraakt.

Nu ben ik oud en grijs

Mijn schoonheid is verdwenen

En vele dromen zijn verloren gegaan

Alles tegen een prijs.

Nu loop ik mijn tuin in

Waar een vallei van viooltjes me lonkt

Hun geur leidt me voort

De natuur en ik zijn nog nooit zo sterk geweest.

Met mijn blote ogen naar de hemel kijkend

Zie ik een regenboog zich een weg banen

Overal zingen regendruppels

Het smaragdgroene gras glinstert.

Mijn ziel verlangt zonder spijt

Naar de hemel als staal naar een magneet

Fluisterende fonteinen lijken

Mijn reis te begeleiden: Sweet Dreams.

TE VROEG WEGGENOMEN

(GESCHREVEN NA HET VERNEMEN VAN HET NIEUWS

OVER DE MOORD OP John Lennon)

En toen ik niet langer kon staan,

werden UW BENEN de mijne.

En toen ik niet langer kon huilen,

werden UW TRANEN de mijne.

En toen ik mezelf niet meer kon vinden,

werd UW IDENTITEIT de mijne.

En toen ik niet langer kon geloven,

werd UW DOEL de mijne.

En toen ik niet langer kon spreken,

werden UW WOORDEN de mijne.

En toen ik niet langer kon leven,

werd UW DOOD DE MIJNE.

FLUISTEREN

F luister, fluister, ik fluister

Dit geheim is alleen van mij, alleen van mij

Alleen ik kan mijn hart laten zingen

Het maakt niet uit hoeveel vriendelijkheid u brengt

Mijn geest zoekt een ander teken

Fluister, fluister, ik fluister

Soms is een les hartverscheurend

Soms wordt u in het gareel gebracht

Alleen ik kan mijn hart laten zingen

Geketend door uw gouden ring

In uw comfortzone leunt u achterover

Fluister, fluister, ik fluister

Mijn ziel wil op gouden vleugels zweven

Daarboven zal de wereld van mij zijn

Alleen ik kan mijn hart laten zingen

En toch onthul ik niets

Want het onbekende kan subliem zijn

Fluister, fluister, ik fluister

Alleen ik kan mijn hart laten zingen.

SCARAMOUCHE

Zijn beeld

Zonder inhoud

Wordt omlijst

Door onnodige splinters

Uit zijn ziel.

Fragmenten

Ooit bloede

Met een strijd

Worden nu vrijelijk gegeven

Weerspiegelend

Zelfverachting.

REFRIE

Laten we niet

Toestaan dat de wind

Hem omver blaast

Laten we herbouwen

Waar de realiteit

De sluizen heeft geopend

Laten we hem

Weer heel maken

Laten we hem

Een doel geven.

Scaramouche wordt onthuld

De waarheid kan niet worden verborgen.

KOOR

Laten we niet

Toestaan dat de wind

Hem omver blaast

Laten we herbouwen

Waar de realiteit

De sluizen heeft geopend

Laten we hem

Weer heel maken

Laten we hem

Een doel geven.

WANDELEN OVER HET PAD

W andelend over het pad

Naar de Taj Mahal

De samenleving was bezig met het planten van bomen

Ter voorbereiding op de val.

Kapellen openden hun deuren

Voor de nieuwe wereld in gebed

Ze zochten vroeger het woord

Bij een betrouwbare waarzegger

Toen keken spiegels naar de ogen

Die te blind waren om te zien

De geboorte en oorsprong

Van creativiteit.

Vandaag schildert een schilder een waterval

En niemand vraagt hem waarom

Omdat we begrijpen dat het allemaal

Voor een geest in de lucht.

Het is het nieuwe millennium

Waar vertalingen gratis zijn

We delen ons leven online

En creëren een vals gevoel van gemeenschap.

We zijn allemaal geboren burgers

Op de vleugels van een duif

Het antwoord is altijd van ons geweest

In één woord: het is liefde.

BARRIÈRE

B arrière die scheidt

Muren die ademen

Formaldehyde-uitwerpselen

Vergif voor de geest

Met stukjes en beetjes

Redder

Keizer

Van alle broodjes

Barrière die verdeelt.

Smelt de lucht

Met woorden

Van aanmoediging

Paddenstoelwolken

Zijn niet voor menselijke consumptie

Waarom doorbreken

Als je kunt

Afbreken?

Reflecties van een

Verontruste prostituee

Een bijbelpassage lezend

De resterende dagen

Van zijn leven

Hoerenloper

Van het universum

Woorden vliegen weg

Als een vleermuis in de vallei

Van de dood

Fladderend

Gevangen door een

Misverstand

Verkeerde voorstelling

Smelt de lucht, smelt.

Barrière

Scheidend

Smelt met

Woorden van aanmoediging

Eén scheidend

Eén in hetzelfde.

Ik dwaal

Van de ene gedachte naar de andere

Het maakt niet uit

Niemand weet het

En de tijd is eindeloos

Maar glipt weg

En er wordt niets gedaan

En herinneringen ketenen mij alleen maar

In deze futiliteit

Nog meer.

Iemand schreeuwt

(of ben ik dat?)

Zeg dat ze hun mond houden

(waarom schreeuw ik?)

Een vogel zingt

Op mijn raam

Ik concentreer al mijn levensenergie

Daarop

En als hij wegvliegt

Gaat mijn geest mee

De eindeloze blauwe lucht in

Die ik ooit

Als vanzelfsprekend beschouwde.

KLEIN MISVERSTAND

Zonder enige voorzichtigheid

Trok de jongeman zijn pistool

De man achter de toonbank schrok

De jongen beloofde dat hij niemand kwaad zou doen.

Het kind vluchtte de straat op

Als een enkele wolk aan de hemel

Hij voelde nooit de pijn van een nederlaag

Nu hoorde hij de sirenes loeien

Omdat een politieagent die net klaar was met zijn dienst

Hem uit zelfverdediging neerschoot

Moedig in de kiem gesmoord

Nog een dode in de zee van geweld

Zijn badge glom in de zon

De jongen had geen hartslag meer

Voorzichtig tilde de ridder het pistool op

Het was slechts kinderspeelgoed.

MACBETH

Wanneer u van uw berg afdaalt

Naar mijn computer aan zee

Zal ik gegevens verwerken; cijfers.

Luister naar mijn toetsenbord

De realiteit blokkerend

Klikkende muziek

Geen identiteit nodig

U had een hekel aan uw leidinggevende

U greep het moment

Begon een opstand

Nu zit u

Op zijn troon

GIC's versturen

Naar mensen die worden betaald

Om stipt te klokken

Aan zee

U gaat op jacht

Naar wat

Weet ik niet

Maar als u het vindt

Weet u waar ik ben

Een gegevensverwerker

Aan zee.

MISSCHIEN

M isschien

De symfonie

Speelt

te luid

Tranen

Vormt zich

In mijn ogen

Ik hoor

een koor zingen

In mijn hoofd

Er zijn songteksten

die worden gezongen

maar de woorden

zijn nog niet

geschreven

Misschien

speelt mijn verbeelding

me

weer

voor de gek

Je brengt

me

een serenade

met een

symfonie

Er zijn geen woorden

en toch

weerklinken

de woorden

in mijn hoofd.

SIFON

Een priester zal zijn kraag omhoogtrekken

Om zich te verbergen voor wat bestaat

Een scheermes in de kou zal snijden

Om bloedende polsen leeg te laten lopen

Een tijger zal zich op het hart storten

En de Samaritaan verscheuren

Niemand zei dat het goed was

Niemand vertelde me dat je dat was

Maar je was verdomd goed

Daar ben ik absoluut zeker van.

Nu vlieg je de ruimte in

Ademend op het glas

Vorst verlamt je gezicht

Je hersenen amputeren het verleden

Vertel het de hele wereld

Omdat ze het willen weten

Vertel hen hoe je je ziel verkocht

Voor gif in een naald.

ONBEANTWOORDBARE BRIEVEN

Ik heb u geschreven

Omdat de zon scheen

In deze regenachtige geest

Telkens wanneer ik me uw glimlach herinnerde.

Ik heb u geschreven

Omdat ik u miste

Ik miste uw lach

En vooral uw zachte aanraking.

Ik heb u geschreven

Omdat u mijn hart vasthield

In de palm van uw hand

En ik geloofde

Hoe ver we ook van elkaar verwijderd waren

U zou altijd hier bij mij zijn

En ik bij u.

Ik heb u geschreven

Om de eeuwigheid te vragen

Maar die was al voorbij

En de brieven smolten voordat ik ze kon versturen

Ik heb u nooit geschreven.

VLINDER

M onarchvlinder

Verzamelt zich in de lucht

Pauzeert even

En stijgt dan zorgeloos op.

Zijn kleuren vloeien vrijelijk

Als verf op een doek

Zijn vleugels omarmen de lucht

In ongedwongen sereniteit:

Schoonheid in beweging.

Dansend op een bloem

Met uiterste delicatesse

Onbewust pronkt hij

Met zijn superioriteit

Fladderend als een ballerina

Klimt hij naar de hemel

Ik verlang ernaar om net zo vrij te zijn als

De monarchvlinder.

EVOLUTIE

Sneeuwvlokken dwarrelen in de dakgoot

Fluisterende boodschappen aan reizigers beneden

Groenblijvende kammen vegen de vlokken weg

De aarde bedekken met een deken van sneeuw.

Het was een rustige avond eind december

Een tijd die ik liever niet zou herinneren

Toen engelen neerdaalden op deze aarde

Gezonden door de meester om onze waarde te bepalen

Zuiverende beelden weerspiegeld in de vijver

Zij voedden en kleedden elke dwaas

Wij dansten tot alle sterren naar beneden kwamen

En de bomen een gouden kroon erfden

De tijd vloog voorbij en er werden meer dromen gesponnen

De engelen schilderden glimlachen op ieders gezicht

Totdat alle waarde sprankelde en helder was

Gloeiend met de kracht van een hemels licht

We zongen luid, één kerk, één lied

En de ongelovigen sloten zich aan om ons sterk te maken

Toen de Heer zielen verzamelde, werden sommigen niet geroepen

Ze werden geboren in de natuur en een nieuwe wereld geëvolueerd

DE WERELD IN ZESTIG SECONDEN

(AFHANKELIJK VAN HOE SNEL U LEEST!)

V oet in de mond

Tong in schoen

Satelliet

TV ook

Harry Potter

Welkom terug Kotter

Gevangen in een tijdlus

Geen plek om heen te gaan

Kijken naar een dodelijk gevecht

Slag voor slag

Liftmuziek

Verslaafden high van crack

Rolling Stones

Kate Moss

Brian vastspijkeren

Aan het kruis

Treinen botsen

Computers crashen

Hi-tech

Star Trek

Mond-op-mondbeademing

Openlijke discriminatie

Rechter Judy

Leven om te werken

Tutti Fruity

Werken om te leven

Te blind om te zien

Moet zien om te geloven

Rappend christendom

Maagdelijkheid blootgeven

Teletubbies die het weten

Rouwen om de Seinfeld-show

Bloemen Bloemen

Kensington Park

Jeanne d'Arc

Lippen die branden

Tanden die grijnzen

Kinderen geboren

Vrij van zonde

Ozonlaag

Drakendoder

T-Rex

Hetzelfde geslacht

Seks verkoopt

Praten op mobiele telefoons

Met vleugels klapperen

Door de lucht vliegen

Golven pakken

Mickey D's frietjes

Wal-mart

Van hart tot hart

Op de maan lopen

Vreemden de maan laten zien

Uit de pan

In het vuur

Danser danst

Gekleed in gratis

Niemand lijkt het op te merken

Behalve de keizer en ik.

GOSPELAMER

D e spin kroop naar

De poederblauwe lucht

Draaiend in een bewolkt web

Waar jaren aan gewerkt was

Toen hij bijna op zijn bestemming was

De oude en grijzende spin

Zonder na te denken over de situatie

Probeerde hij het web breder te maken

Veel te onvoorzichtig wervelend

Voor iemand in zijn gouden leeftijd

De engel genaamd onsterfelijkheid

Nam nota van zijn pagina

Hij was geketend aan het ragfijne web

Het lot bedreigde zijn meesterwerk

Toen regende het plotseling

En gleed hij naar zijn bevrijding

Het regende veertig dagen en nachten

Er leek geen spoor of teken te zijn

Alleen een oude en grijzende spin

Die zich een weg baande naar de ark van Noach.

Over Cathy

Cathy McGough is een Canadese schrijfster wier werk zich uitstrekt over kinderliteratuur, fictie voor jongvolwassenen, literaire fictie, psychologische thrillers, poëzie, korte verhalen en non-fictie. Zij woont en schrijft in Ontario, Canada, met haar gezin.

Ook door:

Interviews With Legendary Writers From Beyond (2ND PLACE BEST LITERARY REFERENCE 2016 METAMORPH PUBLISHING)

Plus Size Goddess

NON-FICTION

103 Fundraising Ideas For Parent Volunteers With Schools and Teams (3RD PLACE BEST REFERENCE 2016 METAMORPH PUBLISHING.)

+ Children's Books